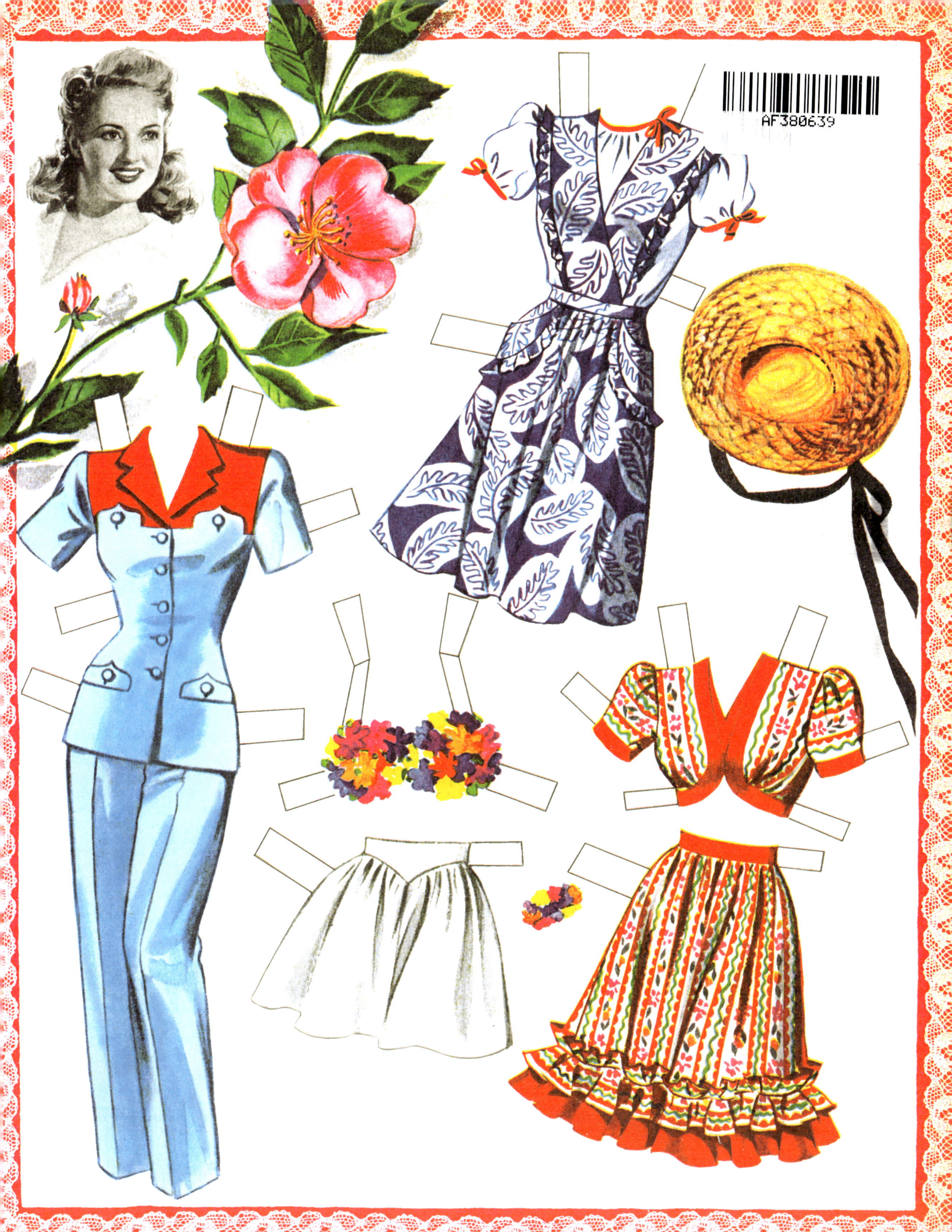
AF380639

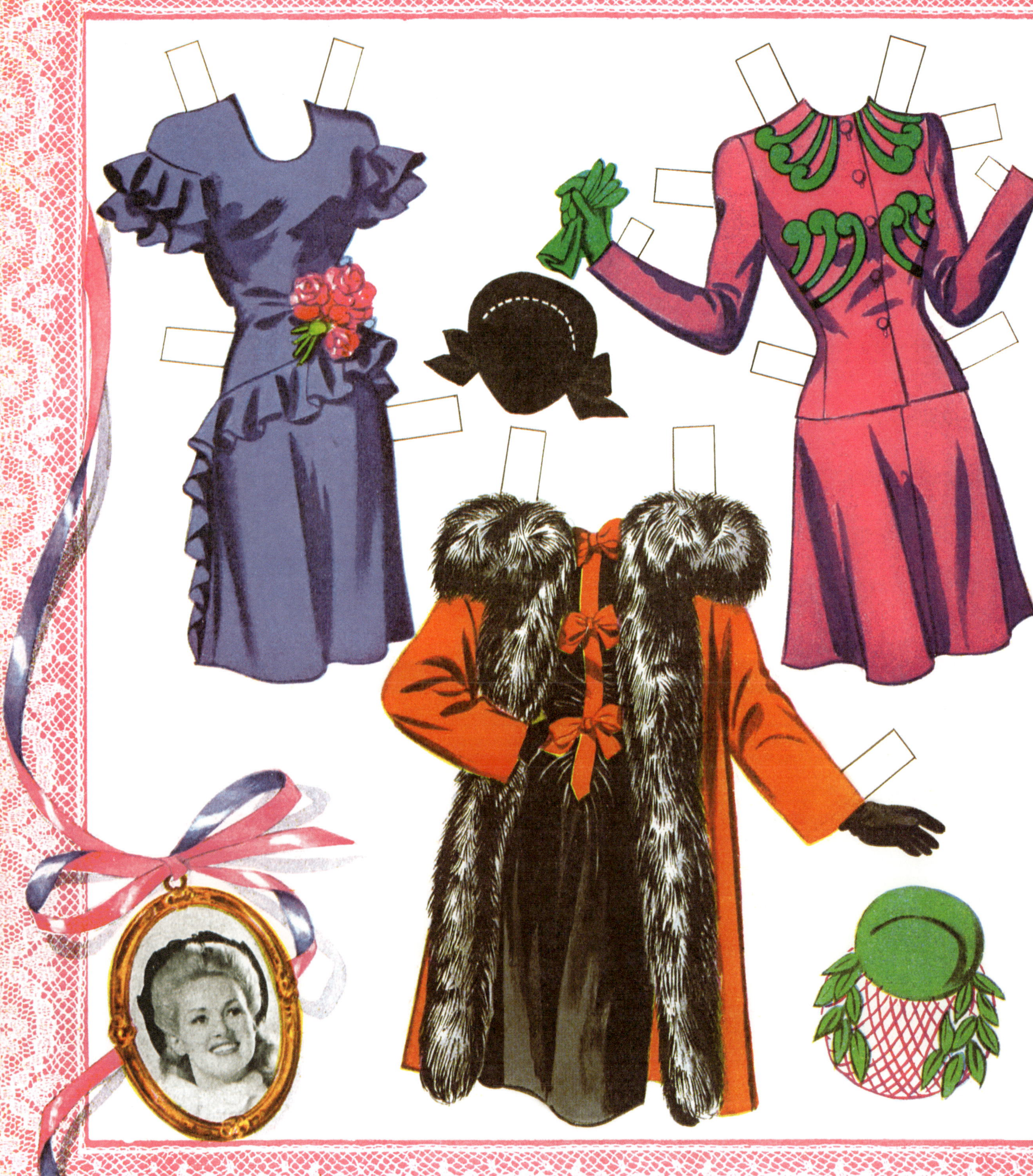

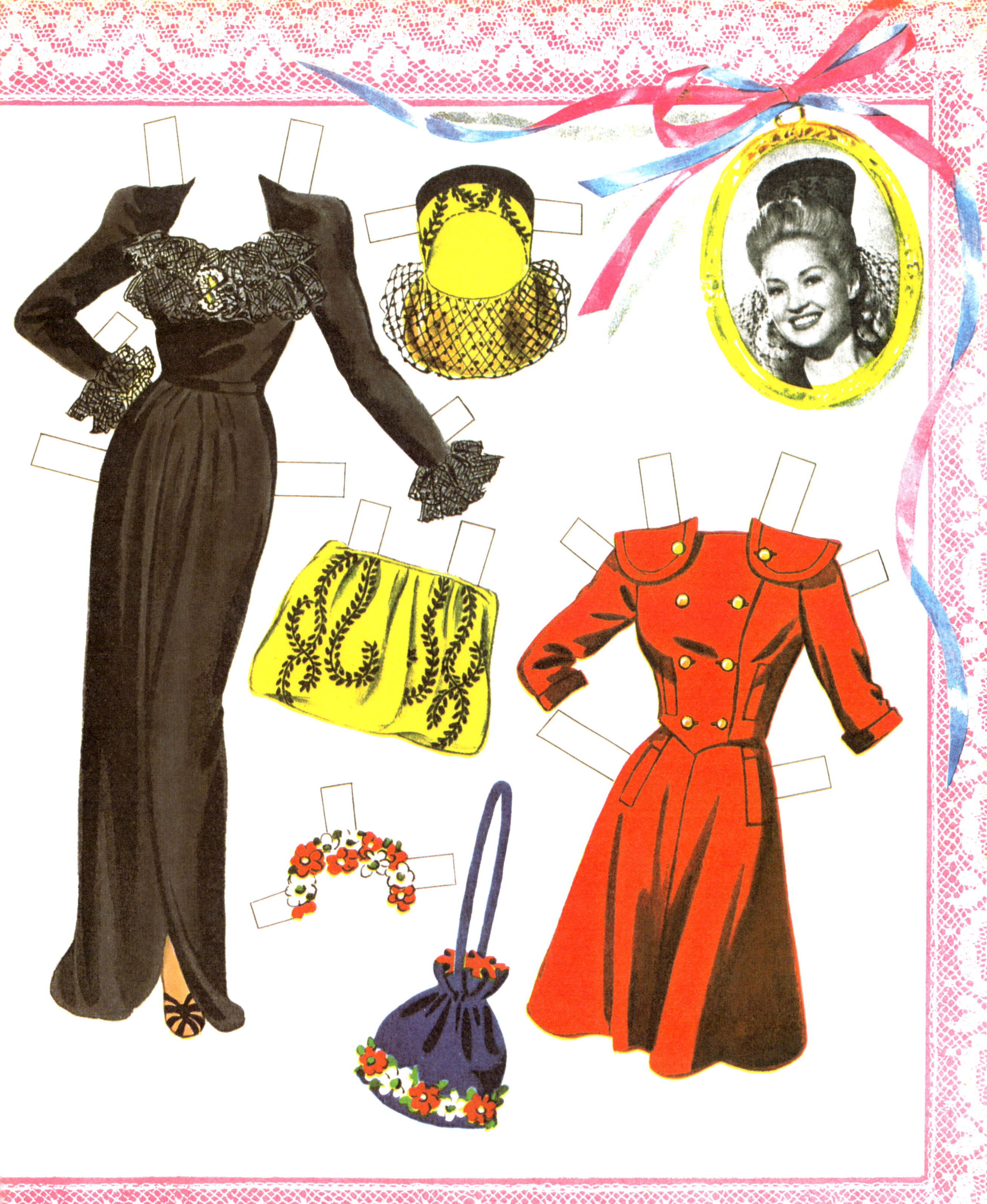

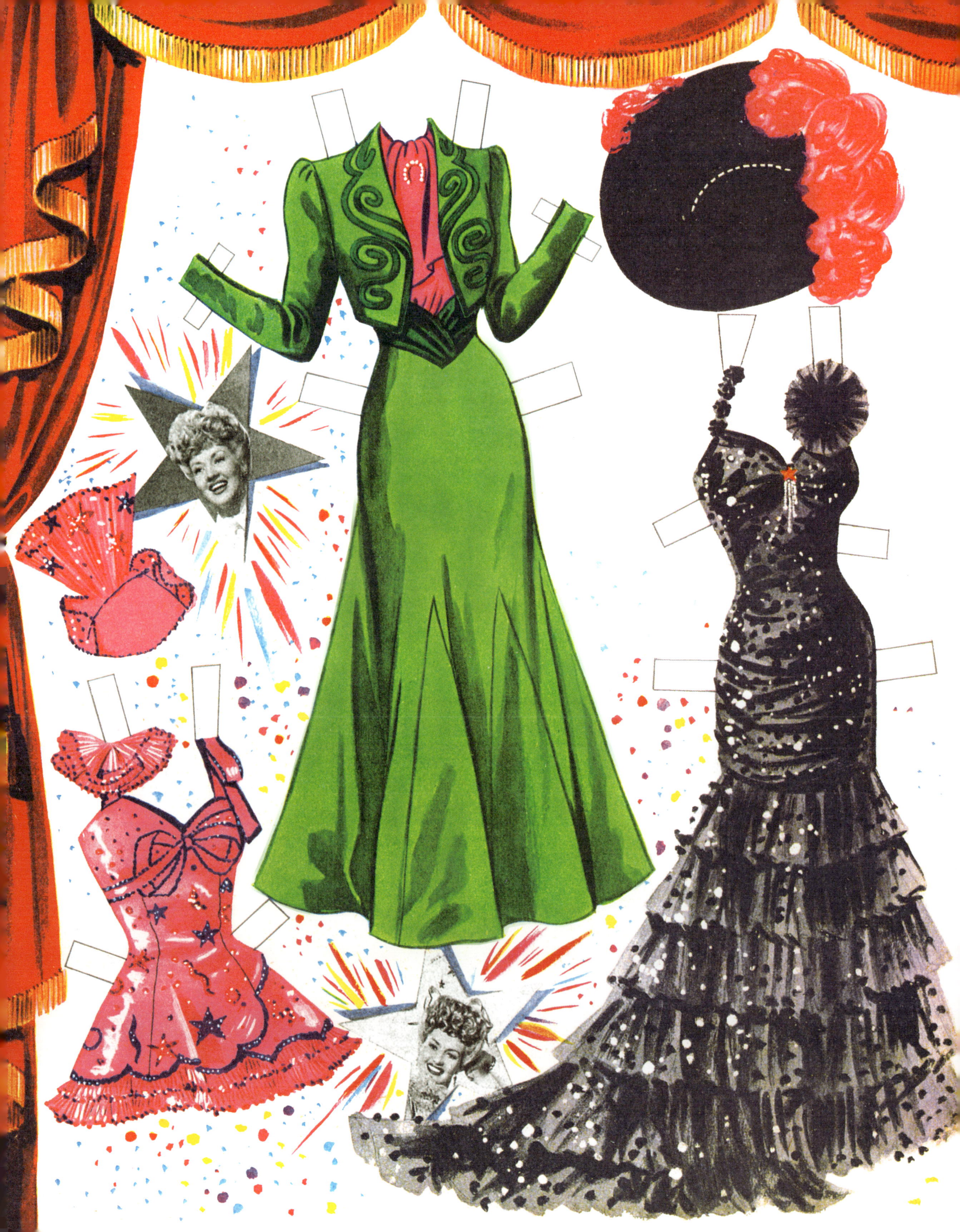

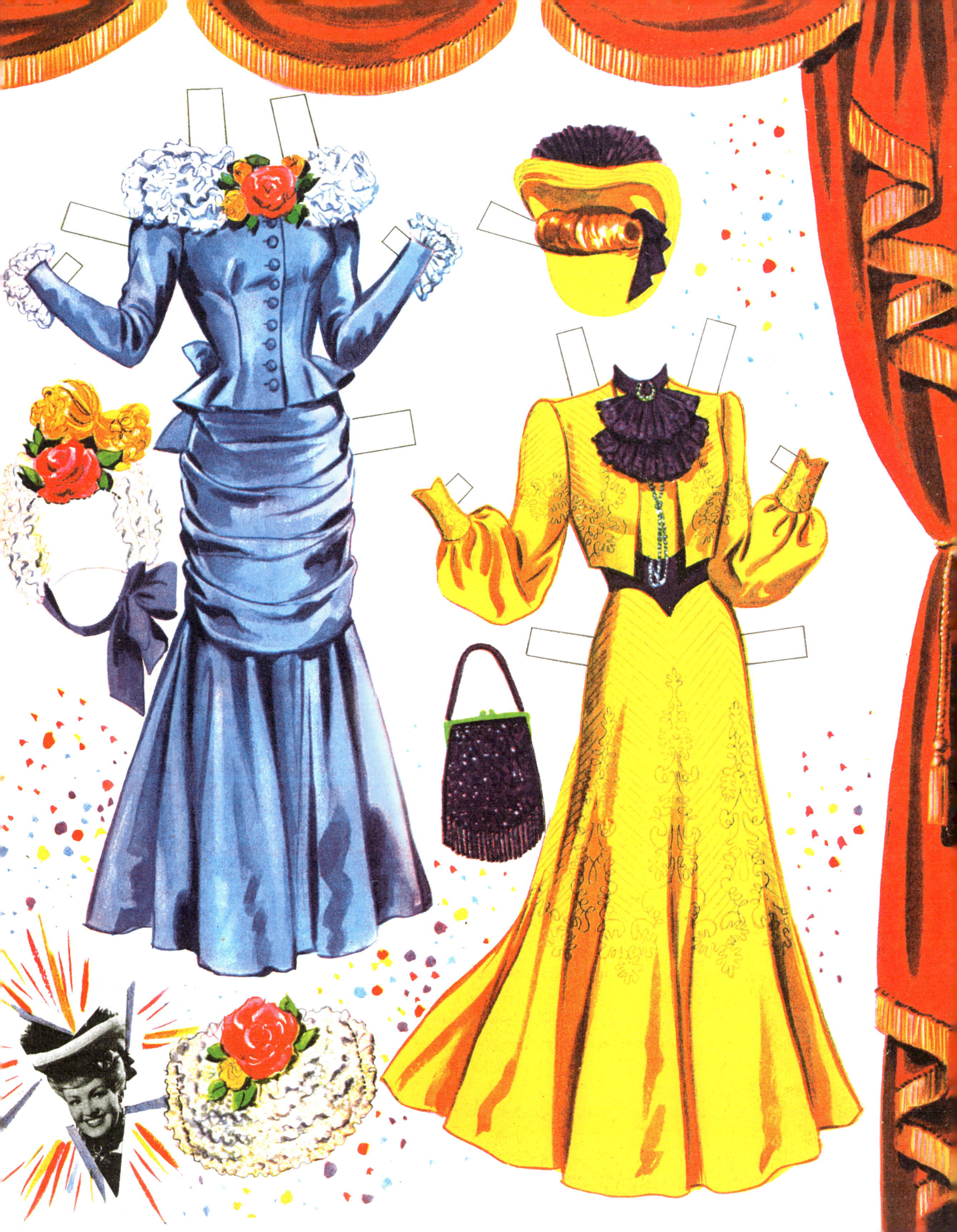

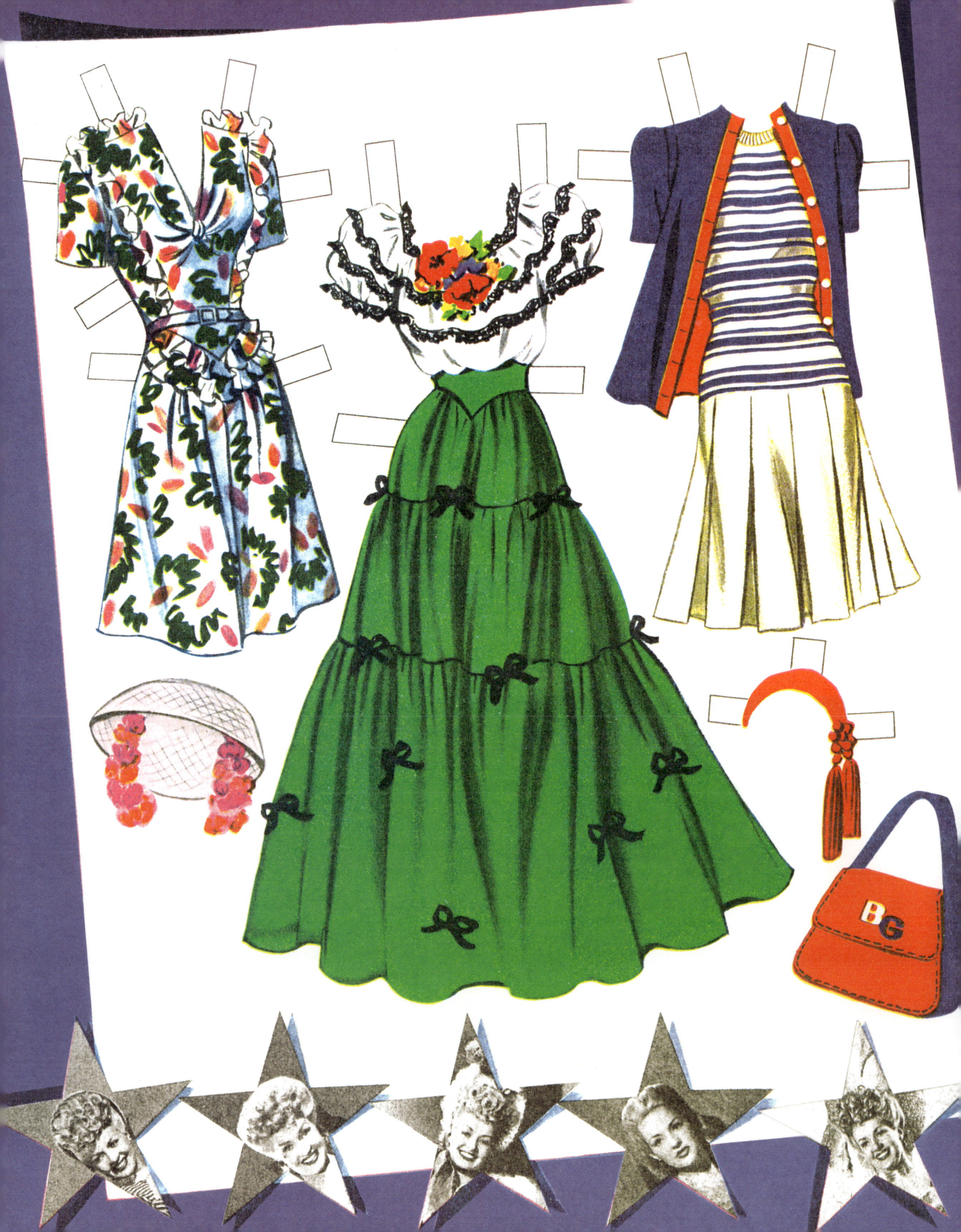

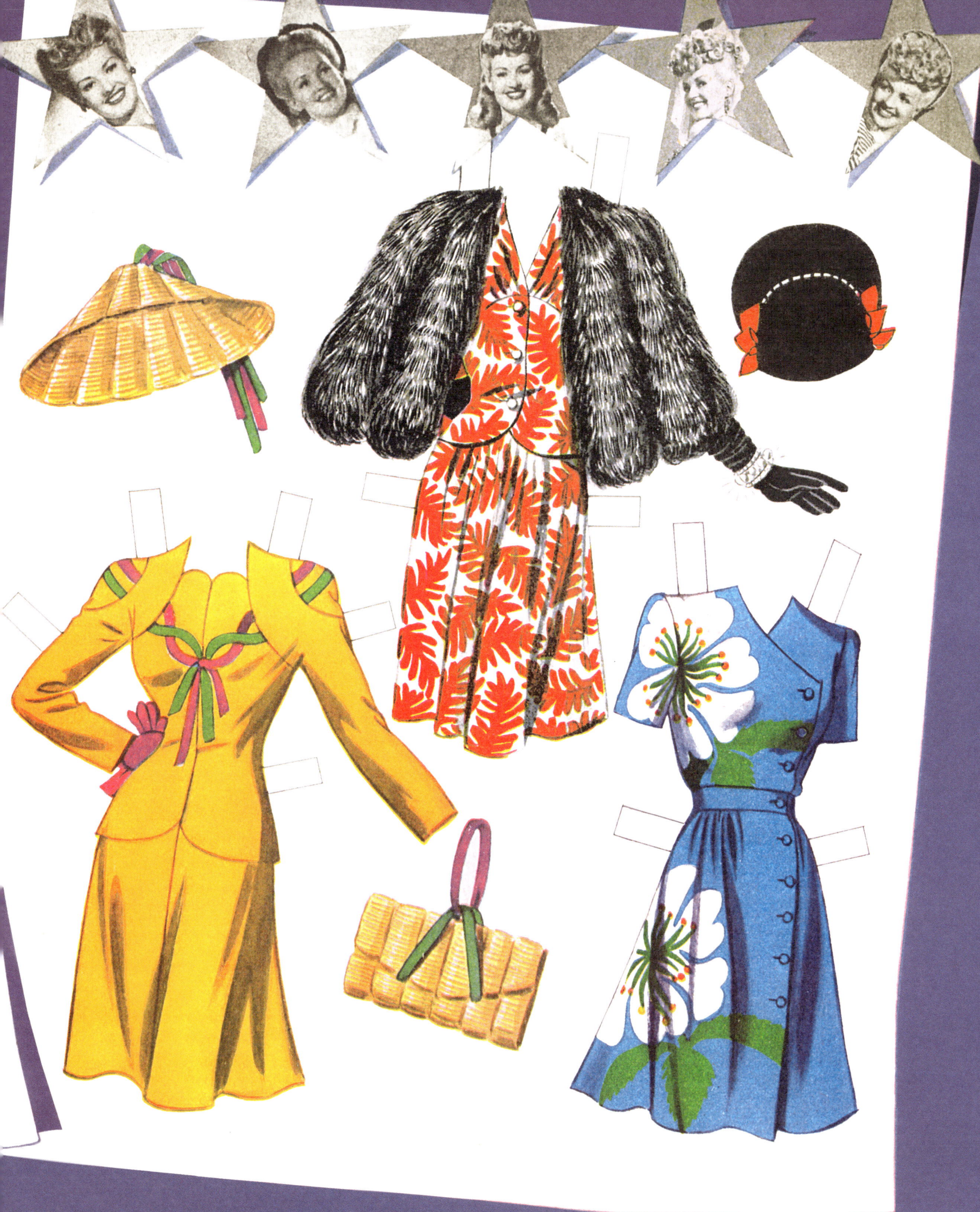

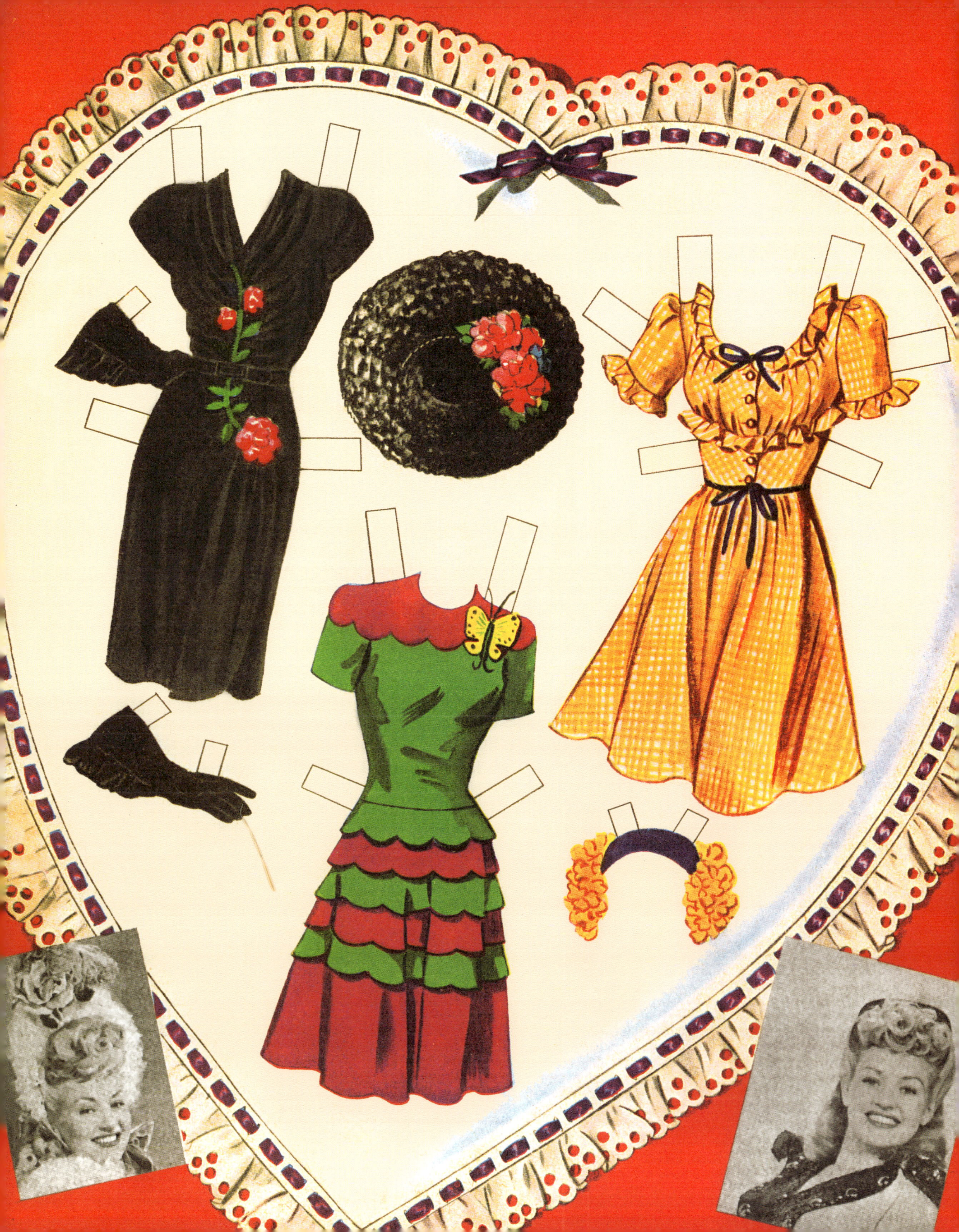